¡Ssssssshhhhhhhhhhh!

Haz del teatro algo íntimo

Llévalo siempre en el bolsillo

Cubierta y diseño editorial: Éride, Diseño Gráfico
Dirección editorial: ángel jiménez

Primera edición: marzo, 2024

Rapitán o el árbol de los deseos.
© Pepa Sarsa
© VdB, 2024
Espronceda, 5
28003 Madrid

VdB®

ISBN: 978-84-19850-45-4
Depósito Legal: M-9254-2024
Diseño y preimpresión: Éride, Diseño Gráfico

Este libro protege el entorno

Rapitán

o

el árbol de los deseos

© Jean Pierre Ledos

Pepa Sarsa

Además de licenciada universitaria, estudió Interpretación y Dirección Escénica en Londres (1977-80). Ha asistido a diversos talleres de Interpretación con John Strasberg y de Dramaturgia con J. Sanchis Sinisterrra, José Padilla, Denise Despeyroux, Almudena Ramírez-Pantanella, Luis Sorolla, Alberto Conejero, Julio León, F. Cabal, J.L. Alonso de Santos, entre otros autores españoles. Ha publicado en la editorial Castalia su obra de teatro *Cara y Cruz*. Coautora junto a M. Martorell y P. Álvarez-Ossorio de *Duelo a muerte del marqués de Pickman y lo que aconteció después con su cadáver*, que fue llevada a los escenarios de varias ciudades y por el que recibió ayuda de la SGAE para la traducción al inglés. Ha escrito para la Academia de las Artes Escénicas el ensayo *Soñadores y Estrellas* y junto a Pedro Álvarez-Ossorio *La vida es un sueño de verano* para el Centro de Estudios Andaluces de la Junta de Andalucía. Ha traducido obras de varios autores anglosajones y las ha llevado al escenario. Como profesora ha impartido clases de Voz y Verso en Univ. de Kent (GB) y Univ. Antonio de Nebrija (Madrid).

En Teatro ha interpretado personajes protagonistas y secundarios en más de cuarenta y cinco montajes y ha pertenecido a la Compañía Nacional de Teatro Clásico. También ha dirigido y producido para el escenario diversos textos. En TV ha colaborado en numerosas series como *Turno de Oficio*, *Brigada Central*, *Chicas de Hoy en día*, *Vecinos*, *Crónicas Urbanas*, *El día que me quieras*, *Colegio Mayor Aquí no hay quien viva*, *La que se avecina*, etc. Desde 2002-2023 interpretó al personaje de Josefina en la serie de TVE *Cuéntame cómo pasó*.

Pepa Sarsa

Rapitán
o
el árbol de los deseos

A mis padres

Personajes
(por orden de intervención)

FÉLIX
DIEGO
EMILIA
LUISA
LEÓN
MUJER 1
MUJER 2
MUJER 3
CARMEN
JOSÉ
PURI
JOAQUÍN
MOZO 1
MOZO 2
MOZO 3
CIEGA
RAMÓN
OFICIAL

Tiempo Pasado

Al fondo del escenario FÉLIX, *de unos cuarenta años, está escribiendo sobre una mesa de pino y al lado una vieja caja de música que, con la tapa abierta, deja oír una melodía (podría ser «Andaluza» una de las «Doce Danzas» de Granados o «Nana» de «Siete canciones populares españolas» de Manuel de Falla). En ocasiones, durante la obra,* FÉLIX *abandonará su lugar de trabajo para incorporarse a la escena, dirigirse al público o volver a su mesa para seguir escribiendo sobre su cuaderno de tapas de hule negro.*

Tiempo presente
El despacho.

DIEGO   No podemos facilitarle el nombre de la persona que representamos. Tampoco decirle cuál es el motivo para esta donación.

EMILIA   Pero ¿cómo voy a aceptar una cantidad tan elevada sin saber su procedencia?

DIEGO   Puedo asegurarle que su origen es completamente legal. Nuestro bufete no trabaja con clientes que sostengan cuentas en paraísos fiscales o que se relacionen con el mundo delictivo. La cantidad naturalmente está sujeta a las retenciones que impone la ley y que nosotros podríamos gestionarle.

EMILIA   Todo esto es muy extraño, nadie en su sano juicio regala esa suma a alguien sin razón.

DIEGO   Solamente hay una condición para que usted reciba esa cantidad.

EMILIA   ¿Qué condición?

DIEGO   (*Le da una caja de música.*) Tiene que devolver esta vieja caja de música a su propietario.

EMILIA   ¿Y quién es?

DIEGO   Eso lo debe averiguar usted.

EMILIA   No entiendo nada. ¿Y eso por qué?, ¿acaso es un capricho del misterioso mecenas?... Un momento, ¿esto no será uno de esos absurdos concursos, una cámara oculta?

DIEGO   En absoluto, nuestra firma disfruta de un prestigio acreditado durante décadas. Digamos que es una condición peculiar, nada más; cuando usted entregue la caja, los trescientos mil euros estarán a su entera disposición.

EMILIA   Debe disculparme pero se me hace muy difícil aceptar sin saber quién es o qué pretende de mí; supongo que querrá que haga algo más que seguir el rastro a esta vieja caja de música.

DIEGO   Si le sirve de ayuda le diré que ese objeto perteneció a un familiar. No se lo piense mucho, la oferta tiene fecha de caducidad.

(DIEGO *sale.*)

EMILIA   Perteneció a un familiar. ¿Mío o de la persona que me da el dinero? (EMILIA *se desplaza hacia un lateral del escenario, se pone un mono de trabajo muy usado, lleno de manchas de pintura, se arrodilla en el suelo, y pinta compulsivamente sobre un lienzo –podría ser al estilo «dripping» de Jackson Pollock– aunque por sus movimientos de frustración, no parece conseguir lo que pretende. De vez en cuando, se detiene.*) No se qué hacer, la verdad es que con ese dinero podría pagar un taller, un estudio para dedicarme por fin solo a pintar, saber de una vez por todas si sirvo para esto, si mereció la pena el enfrentamiento con mi padre. Nunca supe por qué no aprobó mi decisión, por qué se ponía tan furioso cada vez que le decía que quería estudiar Bellas Artes y ahora ya es demasiado tarde para preguntárselo. Desde que me marché de casa nunca más nos volvimos a ver. He expuesto en la calle y en galerías de mala muerte, todo sin ningún resultado... Si pudiera dedicarle todas las horas del día, estoy segura que desarrollaría mi propio estilo, que haría algo bueno. No puedo pintar después de pasarme horas traduciendo manuales o cuidando ancianos, estoy demasiado cansada... (EMILIA *coge la caja de música, que es la misma que estaba sobre la mesa de* FÉLIX, *la abre y suena la melodía que ya oímos. Saca del interior de la caja una nota. Lee.*) «Ya sabes la situación de esa casa, guárdalo unos días, creo que te lo reconocerán, hasta que tomen una determinación». (*Vuelve a leer el texto una vez más, por su gesto entendemos que no comprende su significado. Lo guarda de nuevo en la caja.*) Con esos miles de euros lograría tener obra y quizá conseguir un marchante; no puedo continuar así. Voy a llamar a ese abogado y decirle que acepto, que lo voy a intentar.

(EMILIA *saca su móvil y marca mientras sale.*)

Tiempo Pasado
Félix.

En un prado FÉLIX, *de unos diez años, esculpe una estrella de madera con una navajita, delante de él varias figuras ya terminadas. Su ropa está muy gastada. En off se oye el mugido de unas vacas. Entra una joven,* LUISA, *lleva un abrigo blanco, después de observar al niño unos segundos en silencio, se acerca y le da un caramelo. Él la mira desconcertado, ella le dice algo al oído, él sonríe.* LUISA *saca la cajita de música que ya hemos visto, la abre, toma al niño de las manos y comienzan a bailar juntos al compás de la pieza, terminan en un largo abrazo. Muy cerca tres* MUJERES *de negro, mientras doblan sábanas y las guardan en cestas, observan la escena.* LEÓN, *que ha entrado por otro lateral durante el baile, observa a* LUISA *y* FÉLIX *sin ser visto por estos, y dibuja a ambos en un cuaderno con trazos rápidos y seguros. A su lado un caballete y una maleta de pintura. En una proyección se va viendo cómo se desliza el lápiz y va apareciendo el dibujo de los dos bailando.* LUISA *se separa de* FÉLIX *que se suelta a regañadientes de sus manos. Ella le entrega la cajita y cuando está a punto de salir, él corre hacia ella y le da una de las figuras de madera.* LUISA *la guarda en su bolso, vuelve a decirle algo al oído, lo besa y sale. Él la mira irse, después guarda la caja en su zurrón, se sienta en el suelo y silba intentando reproducir la melodía mientras sigue esculpiendo la estrella. Poco a poco la música se convierte en un lamento que se oirá en off, el niño se abraza las piernas y apoya la cabeza. Pausa.* LEÓN *ha terminado el boceto y va a cruzar delante de* FÉLIX *que se levanta, toma otra figura de madera y se la ofrece sonriente al hombre. Este, ignorando el gesto, guarda apresuradamente el cuaderno. Se miran durante unos segundos, luego* FÉLIX, *triste, guarda la figura rechazada en su bolsillo y se aparta.* LEÓN *recoge sus útiles de pintura y sale. Las* MUJERES *cruzan con las cestas sobre la cabeza.*

MUJER 1   Este crío siempre está solo.

MUJER 2   No tiene amigos.

MUJER 3   Tan pequeño y ocupándose ya de las vacas.

MUJER 1   Andando por esas montañas... me da pena.

MUJER 2   Pues a ella se ve que no.

MUJER 3   ¿Qué te creías, que se iba a quedar contigo?

MUJER 1   No quiere saber nada de ti.

MUJER 2   No, es que a ella su familia no la deja acercarse.

MUJER 1   ¿Qué culpa tiene el crío?

(FÉLIX *las mira.*)

MUJER 2   ¿Quieres que te diga quién eres?

MUJER 3   Como si no lo supiera.

MUJER 2   ¡Mira que darle una caja de música! ¿Para qué le sirve?... Haberle pedido una peseta. Te haría más favor.

MUJER 3   ¿Por qué no le has contado que no hay día que no te pegan?

MUJER 1   ¿Para qué se lo va a decir?... Ella está muy lejos.

MUJER 3   Y aunque lo supiera, ¿qué podría hacer desde el mar?

MUJER 2   Nada, y éste pobre siempre de mano en mano.

MUJER 1   De puerta en puerta.

MUJER 2   Escucha: llegará el día en que tú y León os enfrentareis.

MUJER 1   Y le hablarás por primera vez.

MUJER 3   Será en un cruce de caminos, pero aún falta mucho tiempo.

MUJER 1   Te mirará como si no te conociera.

MUJER 2   Será mentira, porque cada tarde te ve pasar delante de su casa.

MUJER 1   A ella también le mintió.

MUJER 2   Y a todo el pueblo.

           (Salen las MUJERES. *Se oye el mugido cercano de una vaca,* FÉLIX, *después de ver a las* MUJERES *marchar, se levanta y se dirige hacia donde ha procedido el sonido.)*

FÉLIX   Canela, Canelita ¿has visto a la mujer que ha venido? ¿Has visto qué guapa?... Me ha dicho que me va a llevar a una ciudad que tiene mar... que es... como un río muy ancho, muy grande... hemos bailado y me ha regalado esta caja de música... Nunca había visto una mujer así... ya se ha ido, pero volverá y yo voy a estar aquí esperándola.

           (FÉLIX *toma la navajita y la rama y silba alegre.*)

Tiempo presente
En la aldea.

> *Ante la puerta de la antigua casa familiar está*
> EMILIA, *tiene a su lado un maletín de viaje, no se*
> *decide a cruzar el umbral. Su madre* CARMEN,
> *muy pálida y con un ropón blanco, se pone a su*
> *lado.*

EMILIA   Mamá, ¿qué quieres?

CARMEN   ¿Te acuerdas de lo que yo siempre te decía?

EMILIA   Me decías muchas cosas, imposible recordar-las todas.

CARMEN   De lo de tu tío.

EMILIA   ¿De José?

CARMEN   Claro, ¿cuál va a ser si no?

EMILIA   Eso de que tenía que hablar más con el, ¿no?

CARMEN   Sí, eso, y visitarlo de vez en cuando; siempre has sido un poco pava, hija, perdona que te lo diga. Nunca supiste mirar por tu propio interés. ¿A quién le va dejar todo el dineral que tiene? Pues a ti, tonta, eso ha sido así desde el principio... eres su familia y no tiene a nadie más.

EMILIA   Mamá, te dije que no quería verlo... hace más de veinte años que no pisaba estas piedras.

CARMEN   Siempre fue muy cariñoso contigo.

EMILIA   Hay amores que matan.

CARMEN   No digas tonterías, has hecho bien en venir, aquí empezó todo. Reencontrarte con el pasado te va a resolver el futuro.

EMILIA   ¿Por qué lo dices?

CARMEN   ¿No te das cuenta? El es quien te da ese dinero y lo de entregar la cajita esa... caprichitos de viejo solterón para que le hagas un poquitín de caso.

EMILIA   ¿Por qué estás tan segura?

CARMEN   Porque desde el más allá se ve todo mucho mejor. ¿No decías que querías ser pintora? ¿No te peleaste con tu padre por ir a estudiar fuera? Aprovecha esta oportunidad, puede que sea la última.

EMILIA   Sigues atosigándome igual que cuando estabas viva.

CARMEN   Me alegra que te hayas decidido. No te olvides, estoy siempre a tu lado, sólo tienes que pensar en mí.

EMILIA   Hace mucho que no veo a mi tío, ni siquiera estoy segura de que me reciba.

CARMEN   ¡Cómo no te va a recibir! Anda, entra y confía, todo va a ir bien.

(CARMEN *sale.*)

EMILIA   Mamá, no sabías cómo eran aquellas comidas de verano en las que, delante de todos, mi tío recogía en su mano el trozo de pan que estaba sobre la mesa y, bromeando, lo comparaba con mis pechos incipientes y lo acariciaba mientras me miraba. Después comenzaban a reír y yo me sonrojaba, ellos se reían más y yo aún me sonrojaba más. Siempre que yo volvía de jugar en el cobertizo, el bromeaba buscando granos de trigo en mi vestido, yo no quería, intentaba apartarme, pero el insistía recorriendo con sus manos mi cuerpo. Y de nuevo al día siguiente volvía a acariciar el trozo de pan y fijar en mi su mirada y de nuevo mi sonrojo y sus risas, después su roce entre los pliegues de mi ropa. Nunca lo supiste mamá, ni nadie lo ha sabido, pero fue así durante varios veranos hasta que me opuse a volver a esta casa.

(EMILIA *se limpia las lágrimas que le caen por las mejillas. Recoge el maletín y avanza hacia el portal. Entran* JOSÉ *y* PURI, *ambos de ochenta y muchos, él está terminal. Se abrazan y se sientan.*)

JOSÉ   Nos alegra mucho verte, apenas te hemos visto estos últimos años.

EMILIA   Es verdad, el trabajo, ya sabes…

JOSÉ   Pero ahora mi situación ha cambiado…

EMILIA   Así es.

JOSÉ   Imagino que por eso estás aquí.

(*Hay un silencio incómodo entre ellos.*)

EMILIA   Hace tiempo que quería hacerte una visita … por eso he venido. También porque quería decirte que me llamó un abogado y… no sé cómo preguntarte algo un poco complicado...

JOSÉ   No todas las cuestiones son fáciles de responder.

EMILIA   Lo sé.

JOSÉ   Tú dirás.

PURI   (*Interrumpe nerviosa.*) La verdad es que… consultamos, nos aconsejaron... y hace tres meses que nos casamos.

JOSÉ   (*Sorprendido por la reacción de* PURI.) Ya sabes que llevamos más de veinte años juntos.

PURI   (*Sigue agitada.*) Pero no hicimos banquete ni nada, no te vayas a creer, solo fuimos José y yo, ¡ah, y mis dos hijos! Sí, ellos también vinieron como testigos si no... ¡no valía la boda! Yo no quería... porque claro, iba a perder mi pensión de viudedad pero por no decirle que no a tu tío...

EMILIA   (*Desconcertada.*) Felicidades... (*Pausa.* EMILIA *se levanta y se aparta de ellos dirigiéndose hacia el maletín para buscar la cajita de música.*) ¿Por qué no me dijo que se casaban? ¿Me envió él ese dinero y no quiere que ella lo sepa?

PURI   ¿Cómo crees que se lo ha tomado?

JOSÉ   No lo sé, de todas formas yo no tengo ninguna obligación con ella... su padre era mi hermanastro, nada más...¡Y no des tantas explicaciones!

PURI   Sí, tienes razón, mis hijos y yo somos lo que hemos estado contigo todos estos años, los que te hemos cuidado, ella... yo ni la conocía.

JOSÉ   No te preocupes, ahora tu tienes todos los derechos, nunca le prometí nada. (*Vuelve* EMILIA *y se sienta.*) ¿Qué era eso que me querías preguntar?

EMILIA   ¿Habías visto esta caja alguna vez?

JOSÉ   ¿De dónde la has sacado?

EMILIA   Me la dio un abogado.

PURI   A mi no me resulta desconocida.

EMILIA   ¿Estás segura?

              (JOSÉ *mira a* PURI *reprochándole su intervención.*)

PURI   Claro que podría ser una parecida, hay tantas…
              pero no, no, creo que estoy equivocada, no la
              he visto nunca. Vamos dentro, José, parece que
              va a llover. (JOSÉ *se levanta con dificultad,* EMI-
              LIA *va a ayudarle pero* PURI *se le adelanta impi-
              diéndole que lo haga.*) Arriba hay algunas co-
              sas tuyas de cuando eras niña, podrías apro-
              vechar el viaje y llevártelas.

JOSÉ   Es mejor que las recojas, no sabemos cómo aca-
              bará esto mío.

EMILIA   ¿Qué te dicen los médicos?

PURI   Que tenga paciencia.

EMILIA   Y la caja ¿la habías visto antes?

JOSÉ   No recuerdo, ¿te la dio un abogado?

EMILIA   Sí, pero no sé quién se la envió a él.

PURI   ¡Y qué más da! Vamos José, tienes que acostarte.

(Salen JOSÉ, PURI y EMILIA.*)*

Tiempo Pasado
Luisa y su padre.

JOAQUÍN, *sentado en una vieja silla de enea, está afilando una navaja y* LUISA, *quien lleva el mismo abrigo blanco de antes, está de pie.*

JOAQUÍN   ¿Has perdido el juicio?... ¡Te lo prohíbo!...

LUISA   Es inútil que lo haga, me llevo lo que es mío.

JOAQUÍN   No sabrás cuidarlo.

LUISA   Aprenderé, entonces usted no me dejó hacerlo, pero ahora lo quiero a mi lado.

JOAQUÍN   Soy tu padre, me debes obediencia.

LUISA   El único deber que tengo es con él y conmigo misma.

JOAQUÍN   Deja de pensar solo en ti y considera su bien ¿cómo le vas a llevar a una gran ciudad en la que todos son extraños?

LUISA   Allí tendrá más oportunidades y un futuro mejor.

JOAQUÍN   No te conoce, ni siquiera sabe quién eres.

LUISA   He esperado diez años y ahora no voy a echarme atrás.

JOAQUÍN   Con nosotros está bien atendido. Es el único nieto que tengo, cuando estuve enfermo me subía la comida al dormitorio… a mi modo, he llegado a quererlo.

LUISA   Padre, usted se opuso desde el momento en que supo que iba a nacer, me obligó a marcharme y dejarlo aquí.

JOAQUÍN   Olvida todo eso… ¡No quiero que te lo lleves! ¡Esa es mi voluntad!... (*Pausa.* JOAQUÍN *intenta suavizar la situación.*) Siempre fuiste una buena hija, comprendo lo que sientes, pero entiende a este pobre viejo…

LUISA   Debe estar conmigo.

JOAQUÍN   Piénsalo bien, al menos aguarda a mañana, quizá te de yo la solución.

Tiempo Presente
Las fotos.

> EMILIA *está delante de una caja de cartón con varios objetos. Saca unas viejas fotografías, entresaca una que mira atentamente. En una pantalla sale la imagen de la que tiene* EMILIA *en la mano y en la que se ve un grupo de muchachos ante la mesa de reclutamiento; la fotografía tomará vida con las palabras de* LUISA *que entra por el otro lado.*

Tiempo Pasado

Una fila de jóvenes esperan a ser tallados para su alistamiento en la mili. LEÓN *llega con un caballete, un lienzo a medio terminar y varios útiles más; los deja en un rincón y se sienta tras una mesa donde un hombre comienza a medir y pesar a los primeros en la fila. Son campesinos vestidos humildemente que ríen y bromean en voz alta.* FÉLIX *deja pasar a los demás mientras manipula una figurita de madera, retrasando lo más posible su turno. Finalmente le toca acercarse a la mesa y contestar a las preguntas de* LEÓN. *Los dos, muy incómodos, rehuirán la mirada todo el tiempo.*

(LUISA *observa la escena.*)

LEÓN   ¿Nombre y apellidos?

(FÉLIX *contesta, pero apenas se le oye.*)

MOZO 1   Alcalde, ¿después de tantos años no lo reconoces?

MOZO 3   Cállate, tengamos la fiesta en paz.

LEÓN   Vosotros ya habéis acabado, así que a lo vuestro.

Mozo 2   Se puede estar en la plaza ¿o es que también está prohibido?

Mozo 1   (*A* Félix.) Te esperamos echando un cigarro.

Félix   (*Avergonzado.*) No tengo tiempo.

Mozo 2   Venga, hombre, casi nunca te dejas ver, siempre trabajando.

(León *quiere seguir preguntando pero los* Mozos *continúan increpándolo.*)

Mozo 3   ¿Ni siquiera ahora te atreves a mirarlo?

Mozo 2   Solo desde lejos, ¿verdad, León?

Mozo 1   No contestas, ¿eh?

Mozo 2   Hay silencios que dicen más que las palabras.

León   (*Explotando.*) ¡Basta! Cada uno a sus quehaceres o me obligareis a lo que no quiero.

Mozo 2   Si me lo hubiera hecho a mí… le rompía la crisma.

León   Oye, tú, ¿qué has dicho?

Mozo 3   Venga, vámonos, tengamos la fiesta en paz.

(Los Mozos *se apartan para seguir la conversación sin ser oídos.*)

Mozo 2   Todo el pueblo piensa que se portó como un canalla.

Mozo 3   Sí, pero nadie hizo nada.

Mozo 1   ¿Y qué se podía hacer si además de alcalde también era el juez?

Mozo 2   Y lo seguirá siendo por los siglos de los siglos.

Mozo 1   Ella tampoco debió…

Mozo 3   ¿Qué sabrás tú lo que ocurrió hace veinte años?

Mozo 1   Adivinarlo no es muy difícil.

Mozo 2   Vámonos que ya están terminando.

Mozo 1   (Canta.) «La mujer es templo místico /donde se encierra la esperanza…».

Mozo 3   (Canta.) «…No contentarse tan solo/ con el rosario en la mano/ y el breviario del cristiano/…».

Mozo 2   Además ¿quién la iba a proteger? Era otra época.

Mozo 1   Qué nos importa a nosotros lo que pasó hace tiempo.

Mozo 2   Todo por agrandar las tierras.

Mozo 3   Este pueblo es un pozo del que hay que salir.

(FÉLIX *rojo de vergüenza y cabizbajo se acerca al grupo.*)

MOZO 2   Vamos al bar a tomar algo.

FÉLIX   No, ya os dicho que no tengo tiempo.

MOZO 3   Venga, hombre, y así olvidas el mal rato.

FÉLIX   Ojalá se me borre de la memoria. (*Salen los* MOZOS.) Les he dejado pasar delante porque no quería ver a ese hombre. De pequeño, cada vez que nos cruzábamos en la calle, deseaba que me hablara, que me acogiera entre sus brazos, pero nunca lo hizo a pesar de que lo esperé durante mucho tiempo. Cómo me gustaría que me llamaran a filas mañana mismo y desaparecer.

(*Salen por diferente lado* FÉLIX *y* LUISA.)

Tiempo Presente
El aviso.

> EMILIA *recoge la foto y algunas más de la caja de cartón, las guarda en su maletín y abandona la casa familiar. Al poco ve a una mujer muy vieja y ciega que se acerca tanteando con su bastón los linderos del camino.*

EMILIA   ¿Quiere que le ayude?

CIEGA   Gracias pero conozco el sendero. Tú no eres de estas tierras, ¿verdad?

EMILIA   No, pero mi padre sí nació aquí.

CIEGA   Soy muy vieja, seguro que lo conocí. ¿Su nombre?

EMILIA   Félix.

CIEGA   Félix, Félix… lo recuerdo, el hombre de los pájaros.

EMILIA   ¿Cómo dice?

CIEGA   Nada, cosas mías, ¿y qué tal está?

EMILIA   Falleció hace unos años.

CIEGA   Lo siento, ¿y le fue bien a pesar de todo?

EMILIA   Normal, supongo.

CIEGA   Y tu, ¿qué haces por aquí?

EMILIA   Vine ayer a ver a un familiar pero me marcho ya.

CIEGA   ¿A tu tío José?

EMILIA   Sí, ¿cómo lo sabe?

CIEGA   Venías buscando respuestas y te vas sin ellas ¿no es así? Aunque ciega veo el interior de las personas.

EMILIA   ¿Quién se lo ha contado?

CIEGA   Nadie me ha dicho nada, pero quien indaga en el pasado es porque busca certezas.

EMILIA   Yo no las he encontrado.

CIEGA   No abandones el pueblo, vuelve y pregunta de nuevo, te responderán.

EMILIA   ¿Cómo sabe que lo harán?

CIEGA   Andando por estos caminos a menudo oigo hablar al viento.

EMILIA   ¿Quién es usted?

(*La* CIEGA *no responde y sale.* EMILIA *va tras ella.*)

Tiempo Pasado
La carta.

> *Un sol invernal ilumina un parapeto de sacos a los pies de un cerro yermo. Se oyen en off disparos, estallidos de bombas y otros sonidos que nos indican que hay un combate cerca. Vemos a* FÉLIX, *de soldado, que se arrastra hasta llegar a un resguardo y apunta con su arma. Intenta avanzar desde su posición, pero cada vez que lo hace, una ametralladora escupe su veneno. Tras varias tentativas, desiste, apoya su espalda en los sacos y se deja caer hasta quedar sentado sobre el barro. Saca una petaca y bebe un largo trago, después saca dos bolsitas, una con grifa y otra con tabaco, papel de liar y chisquero; nerviosamente enrolla un cigarrillo al que da unas rápidas caladas. Un poco más calmado saca de su bolsillo interior una carta. A la vez que la desdobla, entra* LUISA *con abrigo negro y se adelanta a proscenio.*

LUISA   Querido hijo: Me ayuda a escribirte esta carta nuestro vecino. Espero que al recibo de la presente te encuentres bien; tu hermano y yo bien; aquí vamos terminando con la trilla porque, aunque no estás para ayudarnos, podemos solos, ya sabes que este año la cosecha ha sido poca cosa. No te puedo perdonar que te fueras al frente voluntario, me diste un gran disgusto.

FÉLIX   (*Deja de leer la carta y mira al público.*) Una noche nos sacaron en unos autobuses llenos de agujeros y manchas sanguinolentas. Salimos para Osera, un pueblo en la carretera de Barcelona. Ese fue mi primer bautismo de sangre, salí para la primera línea de fuego y no la habría de dejar hasta que terminara la contienda.

LUISA   (*Continúa con el texto de la carta.*) No se me va de la cabeza que estás en primera línea de fuego por tu terquedad, por tus ganas de escapar de mi lado a pesar del sacrificio que tuve que hacer para que estuviéramos juntos.

FÉLIX   Creo que no hice más que los otros, pero tampoco menos que los demás; mucho podría decir de la guerra, muertos, desolación, calamidades, peligros, aventuras, vicios y amoríos, mas esto está reservado para otros más expertos que yo… pero sí quiero hacer constar que siempre me mantuve muy cerca del peligro según corresponde a primera línea en una guerra tan sangrienta y fratricida.

LUISA   (*Sigue la carta.*) El escapulario bendecido que te entregué antes de salir da fe que quiero que vuelvas sano y salvo. Ayer juré que a partir de hoy y hasta que no te vea entrar otra vez por la puerta de casa, voy a hacer todas las labores del campo con el abrigo puesto, invierno y verano. Cuídate, hijo, tu hermano y yo te esperamos. (LUISA *sale.* FÉLIX *besa la carta, la dobla y guarda de nuevo en el bolsillo interior. Bebe y apaga el cigarrillo. Los sonidos de la contienda siguen.*) Sin embargo, estoy satisfecho, me siento a mis anchas, pues aquí nadie me habla de mi pasado ni me conoce, aquí no se valoran los hombres por su procedencia sino por su comportamiento y arrojo. No obstante, ante tanta miseria y tanto jugar con la muerte, cuántas veces he deseado que la primera granada segara mi vida y así tener la oportunidad de rehabilitarme muriéndome heroicamente. He sido el primero en apuntarme a la fuerza de choque cuya misión es dar golpes de mano, atacar por sorpresa. Mas a pesar de mi desprecio por la vida y de estar siempre en el puesto de más peligro, no recibiré ni un rasguño y, premiado con dos ascensos, volveré a casa con honores para encontrarme otra vez con los pajarracos negros que no dejan de recordarme quién soy.

(FÉLIX *sale.*)

Tiempo Presente
La búsqueda.

Bajo un árbol, sentada, está la Mujer 1, *que apareció en una escena anterior, pero ahora ya es muy mayor, su vista se pierde en el valle que se extiende delante.* Emilia *se dirige a ella.*

Emilia   Hola, busco a una mujer ciega con la que acabo de hablar. Quizá ha pasado por aquí.

Mujer 1   Llevo toda la vida en este mismo sitio y no he visto a nadie.

Emilia   Creo que vive en el pueblo.

Mujer 1   No hay ninguna persona así.

Emilia   ¿Está segura?

Mujer 1   Pues claro, soy vieja pero no tonta.

Emilia   Disculpe.

*(*Emilia *va a salir cuando la* Mujer 1 *la detiene.)*

Mujer 1   Vivía una aquí cerca.

EMILIA   ¿Dónde?

MUJER 1   Pero eso fue hace mucho, murió.

EMILIA   No es posible, con la que yo he hablado hace poco estaba viva…

MUJER 1   (*Agresiva.*) Pues era la única ciega que había en el pueblo y se murió ¡Kaput, finita, ya no está!

EMILIA   (*Extrañada por la respuesta.*) En ese caso quizá usted pueda ayudarme. Soy la sobrina de José, de pequeña veraneaba aquí, en la aldea.

MUJER 1   No te recuerdo. ¿Y qué quieres?

EMILIA   Me gustaría hacerle algunas preguntas. Mi padre era Félix, hermano de José.

MUJER 1   Félix… siempre solo, andando por las montañas, ella al final no lo llevó al mar.

EMILIA   ¿Quién?

MUJER 1   A Félix ya le avisamos que un día se encontraría con León.

EMILIA   ¿Quiénes?

MUJER 1   No nos hizo caso y pasó lo que pasó.

(A pesar de que EMILIA está cada vez más sorprendida con las respuestas, sigue intentado obtener alguna información de MUJER 1.)

EMILIA   ¿Y qué es lo que pasó?

MUJER 1   Bajo este árbol las cosas se ven de diferente manera, ¿sabes?, yo nací con él.

EMILIA   ¿Con mi padre?

MUJER 1   No boba, con el árbol.

EMILIA   ¿Sabe qué le ocurrió a Félix?

MUJER 1   Pues claro, lo sabe todo el mundo.

EMILIA   ¿Y qué fue?

MUJER 1   Su padre lo miraba desde la ventana pero no hablaba con él.

EMILIA   ¿El padre de quién?

MUJER 1   El padre de tu padre.

EMILIA   ¿Mi abuelo? Pero si mi padre apenas lo conoció, murió cuando él era muy pequeño.

MUJER 1   Todos somos el secreto de alguien.

EMILIA   No comprendo.

Mujer 1   Lo que sabemos es una gota de agua, lo que ignoramos un océano.

(Emilia *se sienta al lado de* Mujer 1.)

Emilia   Escuche…

Mujer 1   Hay gente que no tiene ningún respeto por los secretos ajenos, pero eso es porque ellos mismos no tienen ningún secreto.

Emilia   (*Saca la caja, la abre y suena la música.*) ¿Ha visto alguna vez esta cajita?

(Mujer 1 *escucha brevemente la composición y después se abraza al árbol.*)

Mujer 1   Bajo este árbol conocí a mi marido, tuve a mis hijos, mis nietos venían a visitarme, y yo a su vez visité a los suyos y así hasta el principio del principio. En primavera bebíamos sus jugos y en invierno cortábamos sus ramas para darnos calor; bajo sus ramas he vivido siempre, obedeciendo sus órdenes.

(Emilia, *temiendo que la anciana se extravíe aún más, le enseña la nota.*)

Emilia   Y este papel, ¿sabe qué significa? ¿A quién se refiere?

(Mujer 1 *mira la nota.*)

MUJER 1	No sé qué pone, léemelo.
EMILIA	«Ya sabes la situación de esa casa, guárdalo unos días, creo que te lo reconocerán, hasta que tomen una determinación».
MUJER 1	¿De verdad no lo entiendes? Pues está muy claro, dice que tenían que guardar algo o a alguien.
EMILIA	¿Y lo de «creo que te lo reconocerán hasta que tomen una determinación»?
MUJER 1	Pues eso, que cuando decidan qué hacer, se lo agradecerán a quien lo guarde.
EMILIA	¿Pero qué era lo que tenían que guardar?
MUJER 1	A una niña... ¿o era un niño? Ahora no me acuerdo.
EMILIA	No pone ninguna fecha, ¿cuándo sucedió más o menos?
MUJER 1	Abrí la puerta vestida de novia… por lo menos hace setenta años.
EMILIA	¿Y le abrió a quién?
MUJER 1	A la persona que me trajo al niño pero lo guardé poco tiempo.
EMILIA	¿Entonces era un niño?

Mujer 1   Sí, no, no sé, yo no quería tenerlo.

Emilia   ¿Por qué no?

Mujer 1   Por qué, por qué, haces demasiadas preguntas, me estás dando dolor de cabeza. Vete que ya está anocheciendo.

Emilia   Por favor, trate de recordar…

Mujer 1   Creo que era un recién nacido, llevaba un papel como este prendido en la ropa; vino de una casa y yo lo llevé a otra.

Emilia   ¿A qué casa? ¿Quién se lo trajo?

Mujer 1   ¡Shhhhhh! Escucha, te voy a contar un cuento: Un sofocante día de verano, un viajero caminaba muy cansado a causa del calor. A un lado del camino vio un gran árbol y fue a sentarse junto al tronco para descansar y disfrutar de la sombra. En la fresca sombra del árbol se puso muy contento. Entonces se dijo a sí mismo:
—¡Qué afortunado sería si también pudiera tener un vaso de agua fresca! Al instante, apareció un jarro con agua. Después de tomar el agua, pensó:
—Ahora ya sacié mi sed, pero cuán feliz sería si aquí hubiera una buena cama, pues este suelo es muy duro y áspero.
De inmediato apareció una suave cama. Entonces pensó:

—Ni en mi casa tengo una almohada ni una cama así. Si mi esposa estuviera aquí y viera esto, ¡qué feliz sería!

Al momento, también apareció su esposa. Entonces el hombre pensó para sí: estoy en un área remota y cerca de un bosque; podría venir un tigre y devorarme. En un segundo apareció un tigre y ¡se lo comió! (MUJER 1 *ríe.*) ¿Sabes por qué le pasó eso? El hombre se había sentado bajo el Árbol que Cumple todos los Deseos. Escucha, niña: este mundo en que vivimos es un gran árbol de los deseos. Al igual que yo, todos estamos sentados bajo su sombra. Si tenemos deseos o pensamientos malos, nos sucederá el mal y, si pensamos bien, el bien nos llegará. Haz caso al cuento, no seas tonta, pon la nota en una de estas ramas y espera, pronto descubrirás quién la escribió.

(EMILIA *toma el papel e indecisa lo cuelga de una rama.* MUJER 1 *aprovecha y, sin que la vea, le quita la caja de música y sale.* EMILIA *mira la nota durante unos instantes y va a marcharse cuando retrocede, recoge la nota y la guarda en el bolsillo. Se le acerca la* CIEGA.)

CIEGA   ¿Has hablado con la persona que estaba aquí?

EMILIA   Sí pero me ha dicho algo muy extraño...

CIEGA   No le prestes mucha atención, a veces se le enredan los pensamientos entre las ramas. Antes me hablaste de tu padre, el hombre de los pájaros.

EMILIA   ¿Por qué le llama así?

CIEGA   Una vez, hace mucho tiempo, me lo encontré muy cerca de aquí.

(*La* CIEGA *se desplaza al otro lado del escenario,* EMILIA *se queda en el lateral observando la escena.*)

Tiempo Pasado
El encuentro.

> Félix, *adulto, está sentado haciendo en una rama de boj una figura con la navaja; silba la melodía de la caja de música. Se le acerca la* Ciega. *Se aproxima con el bastón tanteando el terreno.*

Félix   ¿Quiere que le ayude?

Ciega   Gracias pero conozco este sendero. Tu no eres de por aquí, ¿verdad?

Félix   Nací en esta tierra pero me fui hace años.

Ciega   ¿Cuándo te marchaste?

Félix   Con la guerra, me fui voluntario.

Ciega   Yo tuve un hijo que también se fue pero nunca más volvió.

Félix   Lo siento.

Ciega   Me hubiera gustado preguntarle por qué se iba; quizá tú puedas explicarme qué esperabais encontrar disparando entre colinas teñidas de sangre.

FÉLIX   No sé por qué se fue ni si halló lo que busca-
             ba; en mi caso le diré que yo no quería en-
             contrar nada sino dejar atrás algunas cosas.

CIEGA   ¿Y lo conseguiste?

FÉLIX   Ciertos recuerdos son difíciles de borrar.

CIEGA   Te diré un secreto: para ser feliz hay que tener
             mala memoria.

             (*Se oye el canto de un zorzal, ambos lo escuchan
             complacidos durante unos segundos.*)

FÉLIX   Una vez estaba trabajando en mi despacho, era
             de noche y hacía calor. De pronto unos cuan-
             tos pájaros, atraídos por la luz, entraron por
             la ventana golpeándose atolondradamente
             contra las paredes y los muebles. Deslumbra-
             dos, trataban de encontrar la salida y en su in-
             tento se lanzaban unos contra otros en vuelos
             cada vez más cortos. Terminaron tendidos en
             el suelo batiendo las alas inútilmente. Creo que
             soy como esos pájaros, los golpes me impiden
             remontar.

CIEGA   Escucha … (*Pausa ligera en la que se oye el can-
             to del ave.*) Ese zorzal te está diciendo que el ayer
             ya no existe. Hazle caso, no dejes que te pesen
             los recuerdos; levanta el vuelo y vuelve a casa.

FÉLIX   ¿Por qué me dice eso?

CIEGA   Aunque ciega puedo ver lo que está por venir. Aléjate de este cruce de caminos o te verás envuelto en tinieblas.

FÉLIX   ¿Quién es usted.? (*La* CIEGA *no responde y alejándose se oculta tras un arbusto.* FÉLIX *intenta seguir esculpiendo la figurita pero se detiene y, pensativo, la guarda en el bolsillo mientras sigue cantando el pájaro.* LEÓN, *ya anciano, entra y al ver a* FÉLIX, *lo observa durante unos segundos; tiene que pasar por delante de él para seguir su camino, duda, pero finalmente se decide e ignorándolo cruza.* FÉLIX, *como si los años no hubieran pasado, vuelve a sentir la humillación del rechazo y lo detiene con un gesto.*) ¿Ni siquiera me saluda?

     (*Pausa.*)

LEÓN   ¿Qué quiere?

FÉLIX   ¿Es que no me reconoce?

LEÓN   Tengo prisa, aún me queda un buen trozo y ya está anocheciendo.

FÉLIX   Me gustaría hablar con usted.

LEÓN   No tenemos nada que decirnos.

FÉLIX   Yo creo que sí.

LEÓN   Déjame pasar.

(FÉLIX *le corta el paso.*)

FÉLIX   Siempre mirándome a escondidas ¿creía que yo no lo veía? Jamás cruzó una sola palabra conmigo ¿sabe usted todo lo que me quitó?

LEÓN   Nunca tuviste nada y nada te pude quitar.

FÉLIX   Hasta los animales más fieros protegen a sus crías.

LEÓN   Ahora tienes un buen presente, ya no me necesitas.

FÉLIX   Siempre me ha hecho falta, incluso ahora.

LEÓN   Esta conversación no va a ningún lado, déjame pasar.

FÉLIX   ¿Es que tiene miedo?

LEÓN   No lo tengo, que seas militar no me asusta.

FÉLIX   Nadie nos oye, dígame porqué nunca tuvo conmigo ni un gesto amable ni una palabra de cariño.

LEÓN   No siempre hacemos lo que deseamos, ahora ya es tarde.

FÉLIX   No lo es, he esperado cuarenta años, ahora mejor que mañana.

LEÓN   No, ya es imposible, somos dos extraños.

FÉLIX   Siempre lo hemos sido, nunca se comportó con
                conmigo como quien era, pero si así lo quie-
                re, no volveré a rogarle una muestra de afec-
                to. (*Pausa.* LEÓN *va a continuar su camino,* FÉ-
                LIX *lo detiene por el brazo.*) Lo único que me
                queda es pedirle una compensación para mi
                madre por los años que le negó.

LEÓN   Nunca tuve obligación alguna.

FÉLIX   Pero sería lo justo.

LEÓN   Ya deberías saber que la justicia no siempre
                llega.

FÉLIX   Hoy ya no necesito su apellido, pero al me-
                nos, aunque tarde, asuma parte de su res-
                ponsabilidad.

LEÓN   ¿Qué quieres?

FÉLIX   Lo que le ofreció a ella hace tiempo.

LEÓN   (*Le muestra una cartera.*) ¿Esto?... Toma, den-
                tro hay algo de dinero, dáselo o si prefieres qué-
                datelo tú.

                (LEÓN *le alcanza la cartera pero* FÉLIX *no la
                coge.*)

Félix	Yo ni robo ni pido limosna; guárdeselo y si necesita más yo mismo le puedo prestar.
León	Si piensas que es poco, en casa tengo algo ahorrado, ven conmigo y te lo doy.
Félix	¿Ya no le importa que nos vean juntos? Bastante vergüenza pasé por su culpa.
León	¿Mi culpa? No me hagas reír, si ella no hubiese sido una cualquiera...
Félix	(*Empujándolo.*) ¡Cállese!

(León *pierde el equilibrio y cae al suelo; por unos momentos se queda inmóvil.* Félix, *preocupado al ver que no se mueve, se agacha para comprobar si sigue con vida y confirma que respira. Finalmente intenta levantarlo, pero* León *rehúsa la ayuda y con dificultad se pone en pie. Recoge la cartera.*)

León	A pesar de todo, voy a olvidar esta última provocación. Mañana en este mismo lugar te entregaré una buena cantidad de dinero, te aseguro que no tendrás queja; así quedará zanjado este asunto definitivamente. ¿Vendrás?
Félix	No faltaré. (León *sale.* Félix *se acerca a proscenio.*) No me lo esperaba, no pensaba que fuera a tropezarme con él en este cruce de caminos. El encuentro que durante tantas noches me dejó insomne, casi se malogra por mi carácter

impulsivo, por ese empujón involuntario que le ha hecho caer. Quería saber la razón por la que siempre se portó así conmigo, responder la pregunta que nunca he dejado de hacerme: si hubiéramos vivido como padre e hijo ¿sería yo el adulto que soy ahora? Y él, ¿me habría tratado con el mismo desapego o, por el contrario, con gestos de ternura? Ya nunca lo sabré. Cuando ha acusado a mi madre diciendo esa barbaridad, ni siquiera le he dejado terminar... sin darme cuenta mi brazo ha salido disparado como un dardo, derecho a su corazón, como si con mi golpe quisiera confirmar que ese órgano seguía allí o en su lugar había un oscuro vacío... ¡Por un momento creí que estaba muerto! Durante una milésima de segundo he pensado que lo había matado y, sin embargo, no he sentido remordimiento alguno. Y aunque me ha demostrado que entre él y yo todo seguía igual, que nada había cambiado, le he ofrecido mi mano. Estoy tranquilo y, ¿por qué no decirlo?, también satisfecho porque he visto que me tenía miedo. Como si se hubieran trocado los papeles: toda mi vida fui yo quien bajaba la cabeza, avergonzado, mientras él me ignoraba y en cambio ahora temblaba delante de mí y eso me ha resarcido de todo. Con nada más me habría conformado después de haberlo visto así. Mañana él vendrá y yo estaré aquí esperándolo.

(FÉLIX *sale*.)

Tiempo Presente

La CIEGA *sale de su escondite y se reúne con* EMILIA.

EMILIA   ¡Mi padre era hijo de un hombre que nunca lo quiso reconocer! ¿Está segura que eso es lo que ocurrió?

CIEGA   ¿Por qué iba a mentirte? Es natural que te sorprendas pero es lo que sucedió.

EMILIA   Crecí pensando que mi abuelo había muerto siendo yo muy niña, hasta vi fotos que me dijeron que eran de él. ¿Por qué nunca me lo contaron?

CIEGA   No hay secretos mejor guardados que los que todo el mundo adivina.

EMILIA   Me siento engañada, creía que encontrando el origen de esta vieja caja de música resolvería mi futuro y, en cambio, descubro que mi vida ha sido una madeja de mentiras y medias verdades que mi familia trenzó a mi alrededor.

CIEGA   La identidad de una persona no se basa en lo que ha pasado en su vida sino en lo que elige convertirse.

EMILIA   Me entristece que no confiaran en mí, que mi madre nunca me lo dijera. Mejor será que no siga buceando en mi pasado, no sé lo que encontraré.

(EMILIA *recoge el maletín y va a salir.*)

CIEGA   Es bueno saber de dónde venimos, quiénes somos o en quién nos reflejamos.

EMILIA   Precisamente, eso es lo que más me inquieta: en quién nos reflejamos. Por lo que me acaba de decir, la conducta de ese hombre dejaba mucho que desear y no podría estar más en desacuerdo con ella. Y sin embargo, él forma parte de mi persona, fragmentos en la sangre que recorre mi cuerpo. La mezquindad que mostró con mi padre ¿la tendré yo también con otros? ¿Me parezco a él ahora?, ¿en qué? Fue vecino de mi familia, quizá en verano me crucé con él, quizá jugué con sus nietos y quizá también me observó desde lejos; y ahora acabo de saber que un trozo de mí lleva su huella.

CIEGA   No dejes que las desilusiones de hoy entorpezcan tus sueños.

EMILIA   Todos necesitamos reconocernos en los nuestros.

CIEGA   Debes entender que eran otros tiempos, la vergüenza y la culpa obligaban a grandes silencios, a enterrar el dolor en lo más profundo. Para intentar acallar las murmuraciones, a Luisa su padre la casó con un viudo al que apenas conocía; con él tuvo a José. Tu padre no encontraba su lugar en esa nueva casa y la guerra le ayudó a abandonarla.

EMILIA   Si hubiera sabido todo eso...

CIEGA   ¿Qué habrías hecho?

EMILIA   Habría intentado acercarme más a mi padre, verlo más a menudo, sobre todo en sus últimos años... me apena pensar que podría haber sido mejor hija y ahora ya no puedo remediarlo.

CIEGA   Sé que lo fuiste y eso es lo que importa. ¿Seguro que quieres marcharte?

EMILIA   No imaginé que me sentiría así.

CIEGA   Tienes que saber que ese encuentro con León no acabó ahí, tuvo unas consecuencias que Félix nunca imaginó, pero que todo el pueblo supo después. Y entre ellos alguien que está muy cerca.

EMILIA   No estoy segura de querer saberlo...

CIEGA   Sigue este camino, te llevará a su puerta, pero ten cuidado, esa persona lleva alimentando un gran rencor desde hace muchos años.

EMILIA   ¿Por qué?

CIEGA   Pronto lo sabrás.

(*La* CIEGA *sale.* EMILIA *se da cuenta que no tiene la caja de música y busca en su maletín, no está; mira alrededor y no la encuentra. Se dirige hacia el árbol, rastrea el suelo y visiblemente nerviosa comprueba su bolsillo y aparece la nota. Cruza el escenario buscando en todas las direcciones, se detiene ante una voz que la increpa, es* RAMÓN, *un hombre muy viejo con una fuerte cojera que le exige la ayuda de un bastón.*)

RAMÓN   ¿Qué buscas?

EMILIA   ¿Cómo dice?

RAMÓN   Sé quién eres, no podrías desmentirlo aunque quisieras, tienes su misma cara.

EMILIA   ¿Quién es usted?

RAMÓN   Aquí no eres bien recibida, márchate.

EMILIA   ¿Qué tiene contra mi?

RAMÓN   Vienes a remover lo que está enterrado bajo cien capas de silencio.

EMILIA   Vengo a dar voz a ese silencio.

RAMÓN   Aléjate o hasta los montes me oirán gritar.

EMILIA   No voy a irme, me quedaré aquí hasta que me diga por qué tengo que marcharme.

RAMÓN   (*Se abalanza sobre* EMILIA.) ¡¡Fuera, fuera!!

    (EMILIA *elude el ataque; al oír los gritos entran* JOSÉ y PURI.)

JOSÉ   ¿Qué pasa?

PURI   ¿A que vienen esos gritos?

RAMÓN   ¡Sácala, sácala de aquí!

    (JOSÉ *toma del brazo a* EMILIA. RAMÓN, *muy nervioso, sale.*)

JOSÉ   Ven conmigo.

PURI   Creíamos que ya te habías ido.

EMILIA   Me he encontrado con una ciega que me ha contado…

PURI   ¿Una ciega?

EMILIA   Sí.

JOSÉ   No hay ninguna en el pueblo.

EMILIA   Eso me dijo la mujer del árbol.

JOSÉ   ¿Quién?

PURI   Ah, ya, la que estaba en la era, ¿no?

EMILIA   Sí, es un poco extraña.

PURI   ¿Extraña? Está mal de la cabeza, no me sor-
            prendería que un día la encerraran. Dice co-
            sas muy raras.

EMILIA   A la ciega me le he encontrado en un recodo
            del camino, conocía a mi padre... y lo que le
            pasó.

JOSÉ   Si no era del pueblo dudo que supiera nada.

PURI   Por qué no, todo el mundo lo sabía y algunos
            que lo vieron aún lo recuerdan. Se lo llevaron
            de aquí mismo, era de noche.

EMILIA   ¿Que se lo llevaron?, ¿a dónde?

PURI   Es inútil seguir ocultándolo José, antes o
            después se iba a enterar.

Tiempo Pasado
El prendimiento.

> *Las luces disminuyen de intensidad hasta que sugieren que es noche cerrada; el canto de grillos se mezcla con el del zorzal que oímos anteriormente. Unos pasos y la brasa de un cigarrillo nos advierten que alguien se mueve inquieto, es* FÉLIX.

FÉLIX   La casa está en silencio, las horas pasan y el sueño no llega. No dejo de pensar en el encuentro de mañana, doy vueltas como un animal encerrado esperando que por fin se cumpla la promesa que un día le hice a mi madre y la compense por todo el sacrificio que tuvo que hacer. Sin embargo, algo dentro de mi, no sé cómo llamarlo, me dice que no vamos a vernos, que quizá se eche atrás, pues demasiado pronto se avino a la cita.

VOZ   (*En off.*) ¡Chisssst, eh, tú!

(FÉLIX *apaga el cigarrillo.*)

FÉLIX   ¿Quién llama?

VOZ   (*En off.*) Aquí hay unos señores que te buscan.

(FÉLIX *se adelanta unos pasos.*)

FÉLIX   Buenas noches, díganme que desean.

OFICIAL   Soy el coronel Bandrés del Destacamento de Fronteras del Fuerte de Rapitán. Hay un asunto pendiente que solo usted puede aclarar y por lo tanto tendrá que acompañarme.

FÉLIX   ¿Ahora?

OFICIAL   Ahora mismo.

FÉLIX   Cuando usted quiera estoy dispuesto.

(FÉLIX *y los militares comienzan a salir por el lado opuesto donde están* JOSÉ, PURI *y* EMILIA.)

Tiempo Presente

JOSÉ   (*A* EMILIA.) Eran tres bultos confusos, iniden-
tificables, que más parecían cuervos que personas. Yo estaba sorprendido porque a ambos
lados de la calle vi que había soldados con ar-
mas dispuestos a intervenir al menor indicio.
Vinieron a medianoche, afortunadamente
nuestra madre no estaba despierta, solo yo.
Todo fue muy discreto.

Tiempo Pasado

FÉLIX (*Al público.*) Aquello era una detención en toda regla y no podía imaginar el motivo. Montamos en un jeep y nadie dijo una palabra. Llegamos y, con toda clase de atenciones y preferencias, lo que aumentó mis temores, me preguntaron si había hablado con León aquella misma tarde y cuáles habían sido mis palabras y acciones. Me produjo un gran sonrojo tener que confesar el motivo por el que paré a ese señor en su camino y lo que hablamos, tampoco omití el empujón que lo hizo caer aún a sabiendas que empeoraría mi situación, pero no he mentido nunca y así pienso seguir.

(FÉLIX *ahora está de pie al lado del oficial.*)

OFICIAL Le invito nuevamente a que diga la verdad, pues la denuncia que tengo en mis manos y puesta por el señor León Ara afirma que usted le amenazó con la pistola exigiéndole cincuenta mil duros bajo amenaza de incendiar su casa y darle muerte.

FÉLIX Eso es absurdo mi coronel y tan grave e incierto que espero no crea esas palabras. La pistola no la llevaba yo encima, la tenía en casa y en la conversación nunca se mencionó cantidad alguna ni por supuesto hubo por mi parte ninguna coacción.

OFICIAL ¿Y no le dijo que su intención era matarlo y huir a Francia para lo que tenía usted su pasaporte y documentos en regla?

FÉLIX Es igualmente incierto y en cuanto a los papeles es fácil averiguarlo.

OFICIAL ¿Y cómo podrá usted atestiguar que todo esto de que se le acusa no es cierto?

FÉLIX De la misma manera que el acredita que es verdad.

OFICIAL Bien, mañana haremos una diligencia, hasta entonces tendrá que quedarse aquí.

(*El* OFICIAL *sale.*)

FÉLIX El resto de la noche no pude conciliar el sueño, así como las dos noches siguientes. Ya entendía por qué me habían detenido con tantas precauciones pues a la vista de tal denuncia me debieron considerar un perturbado peligroso. Sabía que llevaría semanas aclarar todo el asunto. Pensamientos e ideas sombrías cruzaban por mi cabeza y no solo porque me viera aislado en una celda sino porque, y era lo que más me desesperaba, mi padre, con su traición, quería para mí el mayor castigo posible. Las opiniones que sobre mi persona y, gracias a su versión de los hechos, me llegaban de algunos, también me producían una gran desazón. Unos no creían que yo fuera el autor de semejantes barbaridades y me compadecían, otros me presentaban como un monstruo capaz de las mayores vilezas y merecedor de una condena ejemplar. Veinte días tardaron en recopilar todos los datos, se me interrogó varias veces y, en ocasiones, de tal forma que parecía que el secretario de causas creyera más en mi culpabilidad que en mi inocencia.

(FÉLIX *se dirige a la mesa y escribe.*)

La visita.

Entran en la celda LUISA *y* JOSÉ.

FÉLIX   Madre, cómo me alegro que haya decidido venir a verme.

(Acerca la silla de su escritorio y la pone al lado de LUISA, *esta no se sienta. Todos permanecen de pie.)*

LUISA   Hasta ahora no había podido visitarte, hay mucho trabajo.

FÉLIX   ¿Un poco de agua? ¿No se sienta?

José   Nos han dicho que no estemos mucho tiempo. (Luisa *le da un paquete a* Félix. *Este lo abre y, junto a unos paquetes de tabaco, saca la cajita de música, levanta la tapa y se oye la melodía que ha sonado en ocasiones anteriores.* Félix *se conmueve al reconocerla y, en un impulso, extiende los brazos hacia su madre intentando remedar la escena del baile de su infancia.* Luisa *lo besa en la frente pero no se mueve.* Félix *cierra la caja.*) Ya sabes que estamos muy preocupados por ti. ¿Qué va a pasar?

Félix   Dicen que saldré pronto.

José   En el pueblo no se habla de otra cosa, mamá apenas sale a la puerta de la calle.

Félix   En unas semanas se habrán olvidado y todo volverá a ser como antes.

José   No te engañes, nada será como antes.

            (Félix *mira a* Luisa, *pero esta permanece en silencio y nada añade al comentario de* José.)

Félix   Me gustaría aclarar algunas cosas que se han dicho en mi contra.

José   Estamos avergonzados y muy asustados. Todo esto es demasiado doloroso, sobre todo para mamá.

Félix   Me lo imagino.

JOSÉ   Le traen recuerdos que creía olvidados.

FÉLIX   Lo comprendo… pero no quisiera que pensarais que es verdad lo que él declaró.

JOSÉ   Ya no importa, el mal está hecho.

FÉLIX   ¿Qué mal? Lo único que hice fue defender a mi madre.

JOSÉ   Déjalo, no lo remuevas más. (*Pausa.* FÉLIX *vuelve a mirar a* LUISA *que en silencio hace ademán de salir.*) Se hace tarde, tenemos que irnos.

(JOSÉ *abraza a* FÉLIX *brevemente y sale.* LUISA *se acerca y lo besa en la frente.* FÉLIX *deja la cajita sobre la mesa y comienza a escribir.* LUISA *se dirige al público. Entra* LEÓN *por el lado opuesto.*)

LUISA   ¿Qué podía decirle cuando lo vi en esa celda, más delgado, ojeroso y consumido por la espera? ¿Qué decirle cuando en los pocos años en los que estuvimos juntos nunca hablamos de…? Ni siquiera yo puedo nombrar lo que me produjo tanto desgarro siendo tan joven… siempre me he avergonzado de mí misma y de él que no tuvo culpa alguna.

LEÓN   ¿Qué esperaba que hiciera después de encontrarnos? ¿Dejarle ir sin más ni más? Después de cuarenta años se hace el encontradizo, me ataca y me pide dinero. Como si yo tuviera alguna obligación. Mi propia familia era y es lo primero y nada le puedo quitar.

LUISA   Cuando a veces en la calle, sola, me tropiezo con León, desvío la mirada, me sonrojo, como si en todos estos años no se hubieran calmado mis sentimientos hacia él. Nadie se oponía a que estuviéramos juntos, solo su madre soñando con aumentar las tierras. Yo poco tenía que darle, solo a mí misma y es lo que hice.

LEÓN   Sí, es verdad, ella y yo nos queríamos y después, cuando llegó el problema, me hizo sentir... no sé, desorientado, confundido... y después cuando vi a ese niño tan parecido a mí... tanto que solo me atrevía a mirarlo cuando nadie me veía .... Pero de eso hace ya muchos años. Tengo mujer, otro hijo, todo estaba olvidado hasta la otra tarde en que me retiene en medio del camino para exigirme dinero.

LUISA   Y después del nacimiento de Félix y mi marcha comenzó una espiral de reproches, ausencias en ciudades lejanas, un marido casi desconocido... y siempre el niño sin mí y yo sin él. No me dejaron anudar ese cordón que enlaza al recién nacido y su madre cuando lo amamanta... no pude estar a su lado cuando, enfermo quizá me llamara, ni le conté un cuento antes de dormir... nada de todo eso nos dejaron hacer juntos.

LEÓN   Cuando después del puñetazo se agachó, me pareció verle una pistola disimulada en el cinto. Porque, ¿qué militar anda por la calle sin su arma reglamentaria? No podía hacer otra cosa que denunciarlo. Tampoco para mí ha sido agradable, quizá los nervios hicieron que me excediera. Pero ¿y si alguien nos vio? No quiero que piense que soy un cobarde. No, no, tengo que mantenerme firme, al fin y al cabo, seguro que lo sacan enseguida.

LUISA   Cuando vino a vivir conmigo ya tenía edad para cultivar unas tierras que nunca serían suyas, así decía el documento que firmé cuando me casé. Trabajó como el mejor, como si quisiera hacerse querer por todos los que lo rodeábamos, como si pidiera perdón por estar allí. Pero pronto se marchó. Apenas tuvimos tiempo para conocernos. ¿Qué decirle en esa celda cuando aún no sé si lo quiero como debería hacerlo una madre?

        (LEÓN y LUISA *salen por lados opuestos.* FÉLIX *sigue escribiendo. Como si fueran alucinaciones de su mente, tres* MUJERES *de aspecto fantasmal entran.*)

FÉLIX   Siempre estáis dando vueltas en mi cabeza, asediándome.

MUJER 1 Quien con monstruos lucha cuide de no convertirse a su vez en otro.

FÉLIX   ¿Qué queréis ahora?

MUJER 2   Las tristezas no se hicieron para las bestias sino para los hombres, pero si los hombres se entristecen demasiado, se vuelven bestias.

FÉLIX   ¿A qué habéis venido?

MUJER 3   Hace años te dijimos de dónde venías, ahora te diremos qué debes hacer.

FÉLIX   No hay nada que pueda hacer para cambiar las cosas.

MUJER 1   ¿Cuánto más podrás aguantar antes de reaccionar y defenderte?

FÉLIX   Todos me dicen que en diez días saldré libre.

MUJER 2   Tu obcecación es grande, no ves la realidad.

FÉLIX   ¡No quiero oír más!

MUJER 3   En el careo tu progenitor siguió mintiendo, ¿no vas a hacer nada?

FÉLIX   ¿Y qué queréis que haga?

MUJER 1
\MUJER 2
\MUJER 3   ¡Miente tú también!

FÉLIX   No lo haré, esperar es lo único que me queda.

MUJER 1   La peor parte de la vida es esperar.

MUJER 2   Aguantar es de cobardes.

MUJER 3   Quien espera desespera.

FÉLIX   Dejadme en paz.

MUJER 2   La paz no es algo que deseas, es algo que consigues.

MUJER 1   Y si no haces nada, no la tendrás en mucho tiempo.

FÉLIX   ¡Fuera, salid de aquí! (*Las tres* MUJER*es desaparecen como por ensalmo.*) Pero no esperé. Después de ver cómo, sin apartar sus ojos de los míos, León volvía a reiterar sus embustes, y al saber después que era inevitable que me sometieran a un consejo de guerra, decidí defenderme por mí mismo. Creía, iluso, que mi caso estaba tan claro que con ayuda del código penal sería sencillo demostrar mi inocencia. Y empecé a estudiar los artículos, a elegir los más apropiados y a escribir mi propia defensa.

(FÉLIX *vuelve a su mesa.*)

Tiempo Presente

JOSÉ y EMILIA *entran.*

EMILIA   Entonces fue mi abuela quien le dio la caja de música.

JOSÉ   Así es, creo que a ella se la regalaron cuando era joven.

EMILIA   ¿Y por qué se la dio a mi padre?

JOSÉ   No lo sé.

EMILIA   Cuando te pregunté si la habías visto me dijiste que no, sin embargo Puri parecía saber algo pero tú no la dejaste hablar.

JOSÉ   Cuando hay secretos en una familia, solo ella es la que debe descubrirlos. La caja estuvo en el dormitorio que un día fue de tu padre, hasta que mamá se la dio en Rapitán.

EMILIA   ¿Por qué lo haría?

JOSÉ   Nunca hablamos de eso.

EMILIA   ¿Y qué pasó, se celebró el consejo de guerra?

JOSÉ   Sí.

Tiempo pasado
El Juicio.

FÉLIX *abandona su escritorio en la celda y se adelanta a proscenio.*

FÉLIX   Con la venia del señor presidente: pocas veces se habrá constituido un consejo de guerra para juzgar un delito o falta que a mi entender nunca ha existido; pero si personas más capacitadas que yo consideran que uno pueda reclamar lo que es suyo, pues se le ofreció como recompensa moral, es un acto delictivo, pediré a esas personas que valoren si los atenuantes y eximentes que en mi caso se dan, no son mayores que la misma falta. Y por si todo esto fuera poco, les rogaría consideren el eximente moral pues con una llamada a la conciencia de los presentes creo que saldría indultado. Así pues, poco le queda por hacer al consejo a no ser que quiera juzgar a mi denunciante por injurias y pedirle daños y perjuicios, pues no solo buscaba mi condena sino mi expulsión del ejército, y dar así por terminada la obra que empezó hace cuarenta y tres años. *(Dirigiéndose al público.)* Sin embargo, no me permitieron ser mi propio abogado, se nombró a otro que no conocía y al que vi en dos ocasiones.

(FÉLIX *vuelve a su mesa.*)

Tiempo Presente.

Entra RAMÓN.

RAMÓN   ¿Aún sigues aquí?

JOSÉ   Ya está bien, Ramón, la chica no tiene la culpa de nada.

RAMÓN   ¿Qué le has contado?

JOSÉ   Deberías olvidar ese rencor que arrastras desde entonces.

RAMÓN   Tú lo llamas así, yo lo llamo rechazo.

EMILIA   Vuelvo a preguntarle, ¿qué tiene contra mí?

JOSÉ   Se amable, recuerda de quién viene.

RAMÓN   Cómo olvidarlo, es su viva imagen.

JOSÉ   Pero eso ella no lo sabe.

RAMÓN   En cambio yo lo sé demasiado bien. ¿Por qué las leyes de la naturaleza han ido en mi contra? Desde muy crío me di cuenta que no tenía ni uno solo de los rasgos de mi padre, y no sabes cómo me hubiera gustado, y en cambio Félix, todos. Cada año que pasaba sus gestos, su manera de andar, hasta su voz eran los mismos, como dos gotas de agua. Para mi desesperación y su vergüenza. Sabía que cada vez que me miraba León sentía lástima de mi pobre figura de tullido. Mi padre nunca pintó un cuadro en el que estuviera yo, en cambio de él, los hizo a cientos, que guardaba bajo llave.

JOSÉ   Déjalo ya, no te tortures.

RAMÓN   Sé que me comprendes porque tú también sabes qué es recibir un beso frío de buenas noches, un abrazo que no cobija y un cariño que debes mendigar desde muy crío.

JOSÉ   Hace mucho de todo eso, apenas lo recuerdo.

RAMÓN   A mí no me engañas... sabes de lo que hablo. ¿Por qué teníamos que ser nosotros menos que él? ¿Por qué si él era el apestado? ¿Solo porque sus miembros eran más perfectos que los nuestros, porque apenas hacía ruido y se movía como si no quisiera existir? Nosotros, que fuimos recibidos con alegría por ser hijos deseados, estuvimos oscurecidos por su sombra durante años.

JOSÉ   No puedo decir nada en su contra, siempre se portó como un hermano.

RAMÓN   ¿Lo dices porque ella está delante?

JOSÉ   No, porque es verdad.

EMILIA   ¿Estáis hablando de mi padre?

RAMÓN   Sí, de ese bastardo, de ese traidor que envenenó mi vida...

EMILIA   ¡Basta, cállese!

     (*Le quita el bastón de un manotazo,* RAMÓN *pierde el equilibrio y cae.* EMILIA *intenta ayudarlo pero* RAMÓN *la rechaza.*)

RAMÓN   ¡No te librarás tan fácilmente como hizo tu padre con el mío!

EMILIA   ¿Usted es hijo de León?

RAMÓN   ¡Diego, Diego!

     (*Sale* DIEGO, *el abogado de la primera escena, al ver a* RAMÓN *en el suelo, lo levanta y le alcanza el bastón.*)

DIEGO   ¿Qué ha ocurrido?

EMILIA   ¿Qué haces aquí?

DIEGO   Vivo aquí.

EMILIA   No entiendo.

RAMÓN	(*Señalando a* EMILIA.) Me acaba de agredir, José es testigo, prepara los papeles, quiero que vaya a la cárcel.
JOSÉ	Ramón, hay algo que no sabes.
RAMÓN	Y también quiero que pague por todo lo que me hizo Félix.
EMILIA	¿Pero qué le hizo mi padre a usted?
RAMÓN	Vivir.

(RAMÓN *sale.*)

DIEGO	Emilia, vengo con frecuencia a ver a Ramón, es mi padre. Espera, te voy a enseñar algo.
JOSÉ	Ahora vas a entenderlo todo.

(*Vuelve* DIEGO *con varios lienzos que le muestra a* EMILIA.)

DIEGO	Mira, estos son algunos de los cuadros que pintó mi abuelo. En muchos aparece Félix, aunque el nunca lo supo. León se pasó la vida añorando a tu padre y olvidándose del mío. Tienes que disculpar su resentimiento, ahora ya es difícil que cambie.
EMILIA	¿A nuestro abuelo León le gustaba pintar?

DIEGO   Sí, aunque nunca lo hizo profesionalmente, el campo, las tierras, ya sabes, eran otros tiempos.

EMILIA   Me gusta este primer reflejo.

DIEGO   ¿Cómo dices?

EMILIA   Nada, cosas mías.

DIEGO   *(Burlón.)* No veo la cajita de música que te entregué en el despacho.

EMILIA   Solo tengo la nota que iba dentro. La caja... se ha extraviado.

DIEGO   ¿La has perdido?

EMILIA   No la he perdido, creo que... he estado hablando con tantas personas, que... no sé dónde ha ido a parar.

DIEGO   ¿Y del propietario qué sabes?

EMILIA   Nada y no voy a seguir buscándolo, llegar hasta aquí ha sido muy duro y no creo que pueda continuar. Lo siento por lo que habría supuesto para mi futuro como pintora esa cantidad de dinero, pero di a tu cliente que abandono.

DIEGO   Es una lástima porque estás muy cerca.

EMILIA   Estoy harta, todos me dicen que está en la puerta de al lado, que aquí cerca, que enseguida me responden y no encuentro sino frases ambiguas y silencios espesos como muros.

JOSÉ   No te enfades, ya te he dicho que todo tiene su explicación y espero que no te disgustes. Antes de morir tu padre me dijo que quería darte esa cantidad que llevaba ahorrando desde que tú naciste. Puso la condición que debías descubrir por ti misma los hechos que habían condicionado su vida y me dio la caja de música con la nota. Le prometí que lo haría. Tú llevabas ya mucho tiempo en el extranjero; hablé con Diego para que te buscara y, bueno, nos inventamos ese pequeño juego para que emprendieras la búsqueda, y el resto ya lo sabes. Perdónanos esta pequeña broma, por favor.

EMILIA   Entonces el propietario de la caja era mi padre.

DIEGO   Y también el cliente desconocido.

EMILIA   (*Burlona.*) Vaya, todo queda en familia.

(*Entra* RAMÓN *con la caja.*)

RAMÓN   La mujer del árbol me ha dicho que esto es tuyo.

EMILIA   En realidad no, es de mi padre, y tengo que devolvérsela.

(EMILIA *recoge la caja de música de las manos de* RAMÓN. *Los hombres salen.*)

La conversación.

> FÉLIX *está sentado sobre una lápida del cementerio tallando una figurita de madera. Como siempre que está solo silba la melodía que hemos oído con anterioridad.* EMILIA *entra con la cajita. Toda la conversación está teñida de una gran emoción que los dos intentan disimular.*

FÉLIX   Por fin nos encontramos.

EMILIA   Sí, hacía mucho tiempo.

FÉLIX   Casi diez años.

EMILIA   Siento no haber estado cuando…

FÉLIX   Fue rápido, un par de meses y… se acabó.

EMILIA   Cuando me enteré ya había pasado todo y…

FÉLIX   No te preocupes, lo entiendo. (EMILIA *se sienta y deja la cajita de música sobre la lápida.*) ¿Qué tal te fue en Nueva York? ¿Mereció la pena?

EMILIA   Lo pasé bien y mal, aprendí mucho, pero todos los días me acordaba de ti y de nuestra pelea.

FÉLIX   Intenté escribirte, llamarte, ya sabes que no soy muy bueno en eso de disculparme.

EMILIA   Yo tampoco estuve bien; podría haberlo hecho yo, sin embargo no encontraba el momento, las palabras acertadas…

FÉLIX   Sí, en eso nos parecemos, dos tozudos que no dan su brazo a torcer.

EMILIA   Lo siento, si hubiera sabido que no te iba a ver más…

FÉLIX   Vamos, vamos, no nos vengamos abajo, se dice así ahora ¿no?

EMILIA   Sí. Aquí la tienes, la devuelvo a su propietario. ¿Por qué era tan importante para ti?

FÉLIX   Me la dio mi madre el día que la conocí, aunque entonces yo no sabía que lo era. Y al cabo del tiempo descubrí que la cajita se la había regalado León cuando eran novios.

EMILIA   Vaya, el primer detalle tierno que le conozco a ese mal… perdona.

FÉLIX   Tienes razón, no creo que fuera hombre de muchas ternezas. Pero ahora que sabes que llevas su sangre, tendrás que descubrir quién era.

EMILIA   Creo que ya he hecho demasiados descubrimientos, lo dejo para más adelante. De todas formas me parece que debió de ser un hombre un poco inestable. ¿Sabías que te pintaba a escondidas? En su casa me han enseñado un montón de cuadros en los que estabas tú. Los guardaba bajo llave.

FÉLIX   Ya habrás visto que te viene de familia.

EMILIA   Sí y no lo hacía nada mal, aunque yo tengo otro estilo.

FÉLIX   ¿Cuál si puede saberse?

EMILIA   Expresionismo abstracto.

FÉLIX   (*Bromeando.*) Dios nos coja confesados.

EMILIA   Pero no te preocupes, que no te voy a pintar.

FÉLIX   Menos mal.

(EMILIA y FÉLIX *ríen.*)

EMILIA   Gracias por el dinero, por fin podré dedicarme solo a mis cuadros. Ahora entiendo por qué te molestaba tanto que quisiera hacerlo, te recordaba a él.

FÉLIX   De pequeña siempre andabas con los lápices de colores… no te decía nada, eras una niña. Luego cuando te hiciste mayor me dio vergüenza contártelo y más tarde… te fuiste.

EMILIA   Lo siento, si lo hubiera sabido… El tío José me ha dado la libreta que escribiste en tu celda de Rapitán.

FÉLIX (*Sonríe ante el recuerdo.*) Un día que fue tu madre a verme allí te llevó con ella; me regalaste un pañuelo que habías estado cosiendo no sé cuánto tiempo, tenía huellas de tus manos de cría mezcladas con restos de tierra y tinta de bolígrafo; eras muy trasto, no parabas quieta ni un segundo. Conservé ese pañuelo muchos años, no dejé que tu madre lo lavara.

EMILIA Me costó meses terminarlo.

FÉLIX Me gustaría que la libreta te la quedaras tú y que la leyeras, es una parte de mí que no conoces.

EMILIA (*Abre la caja y suena la música.*) ¿Bailas?

(*Se acerca a* FÉLIX, *apoya sus brazos y comienzan a bailar.*)

FÉLIX La última vez que bailé contigo me llegabas a la cintura.

EMILIA Me acuerdo, te pisé varias veces. Espero no hacerlo ahora.

FÉLIX No te preocupes, ni siquiera lo notaré. Gracias por venir a verme.

(*Siguen evolucionando hasta que poco a poco* FÉLIX *se desvanece.* EMILIA *se queda bailando sola. Después cierra la caja y la deja sobre la lápida.*)

La libreta.

EMILIA *se adelanta a proscenio y lee en la libreta.*

EMILIA «...Todos tenemos una historia, unos más interesante y otros menos, la de algunos pasa a la inmortalidad y la de otros se pierde en la ignorancia y el olvido, como si no hubiese existido, igual que la flor nacida en plena selva y que nadie...».

(Sentado a la mesa, FÉLIX termina en voz alta la frase de EMILIA y continúa diciendo lo que escribe que puede reflejarse en una proyección.)

FÉLIX «...miró. A este grupo pertenecemos casi todos los que no hemos podido descollar y nos sentimos satisfechos con nuestra vida tranquila, pasamos por este mundo sin que el mundo nos vea y nuestro recuerdo no llegará más allá de nuestros hijos».

(Bajan las luces hasta el oscuro.)

Fin.

Esta primera edición de *Rapitán o el árbol de los deseos*,
de Pepa Sarsa, terminó de imprimirse
en abril de dos mil veinticuatro,
en Madrid